ProfitProjects

Bernd Gummersbach

ProfitProjects

Ein innovatives und nachhaltiges Konzept zur Einführung/ Optimierung von Projektmanagement in Unternehmen

Bibliografische Information der Deutschen Nationalbibliothek
Die Deutsche Nationalbibliothek verzeichnet diese Publikation
in der Deutschen Nationalbibliografie; detaillierte bibliografische
Daten sind im Internet über http://dnb.d-nb.de abrufbar.

© 2010 Management & Business Systems Reinhard Sturr
       Anschrift: Görreshof 114, 53347 Alfter
       Telefon 02222/923262, Telefax 02222/923263
       Internet: www.mbs-rs.de, E-Mail: info@mbs-rs.de

Satz, Herstellung und Verlag: Books on Demand GmbH, Norderstedt
Umschlagdesign: arttraktive. creative media solutions, 53578 Windhagen
                Internet: www.arttraktive.de

ISBN 978-3-8391-5742-8

Inhalt

Vorwort		7
1	Der Start	11
2	Das Konzept ProfitProjects	15
3	Phase I: Projektmanagement-Training	19
4	Phase II: Umfeldanalyse	25
5	Phase III: Realisierungsphase der Transferprojekte	29
	5.1 Die Projektaufgabenbeschreibung	29
	5.2 Bestimmung der Transferprojekte und der Projektteams	41
	5.3 Die Projektaufbauorganisation	43
	5.4 Phasenplan: PM-Tools für die Transferprojekte	44
	5.5 Kick-off der Transferprojekte	45
	5.6 Die Coachings	47
	5.7 Beispiel: Entwicklung Template „Risikoanalyse/ Risikomanagement"	50
	5.8 Das Ergebnis: Der neue F&E-Projektmanagement-Prozess	54
	5.8.1 Phase: Machbarkeitsstudie	55
	5.8.2 Phase: Projektdefinitions-/Projektplanungsphase	57
	5.8.3 Phase: Projektrealisierung	59
	5.8.4 Projektabschluss	61
6	Der Abschluss	63
7	Resümee	65

Vorwort

Ausgangssituation: Warum dieses Buch?

Unternehmen sind wunderbare Orte der Verwandlung. Hier entstehen aus Ideen Einzelner Produkte und Dienstleistungen, die die Welt zum Positiven verändern. Diese Verwandlungen – von der Idee bis zum fertigen Produkt – geschehen in den meisten Unternehmen in Form von Projekten. Dabei stellt exzellentes Projektmanagement für alle an einem Projekt Beteiligten einen essenziellen Erfolgsfaktor dar. Hochkomplexe Aufgaben, dynamische Märkte, rasche technologische Entwicklungen sowie schwierige wirtschaftliche Situationen sind Herausforderungen, die sich gerade in der heutigen Zeit nur durch hohe Qualität, Schnelligkeit und Wirtschaftlichkeit erfolgreich bewältigen lassen. Ein modernes Projektmanagement gewinnt immer stärker an Bedeutung, da es die oben angeführten Anforderungen an heutige Unternehmen hervorragend erfüllt.

In diesem Zusammenhang eine Geschichte aus der MBS-Berater- und -Trainerpraxis: Vor einigen Jahren beauftragte ein Unternehmen, das IT-Lösungen und Services anbot, einen unserer Trainer, Mitarbeiterschulungen durchzuführen. Der überwiegende Teil der angebotenen Leistungen des Unternehmens wurde in Form von Projekten erbracht. Um deren Abwicklung zu optimieren, entschloss sich die Geschäftsleitung dazu, eine wohlklingende Projektmanagement-Methodik von einem Beratungshaus zu kaufen. Diese Methodik, abgestimmt auf IT-Projekte, war in mehreren Handbüchern über Tausende von Seiten (Sie haben richtig gelesen) beschrieben und erlaubte bei sachgerechter Anwendung die optimale Planung, Steuerung und Kontrolle von Projekten. Zumindest war das die Idee. Der Schulungsauftrag bestand nun darin, ausgewählten Mitarbeitern des Unternehmens die neue Projektmanagement-Methodik in Seminaren und Workshops beizubringen.
Unser Trainer erinnert sich noch gut an seinen ersten Seminartag. Hoch motiviert und gut gelaunt startete er nach einer kurzen Einführung mit der

Vorstellungsrunde. Nach einigen Minuten beschlich ihn das Gefühl, dass irgendetwas nicht stimmte. Selten hatte er so lustlos wirkende Teilnehmer erlebt.

Im Laufe der Vorstellungsrunde sagte dann ein Teilnehmer Folgendes zu ihm: „Also, Herr Trainer, das ist jetzt nicht gegen Sie persönlich gerichtet, aber seitdem ich hier in der Firma arbeite, hatten wir schon fünf verschiedene dieser Projektmanagement-Methodiken. Alle wurden mit großen Worten angekündigt, doch keine hat sich durchgesetzt, weil sie allesamt an unserer Praxis vorbeigingen. Und auch die neue Methodik wird sich nicht durchsetzen. Aber glauben Sie mir, das werde ich auch noch überleben."

Diese ablehnende Haltung gegenüber der neuen Vorgehensweise war bei 95 Prozent der rund 300 Mitarbeiter, die in den darauffolgenden Monaten trainiert wurden, festzustellen.

Dass Veränderungen nicht immer positiv aufgenommen werden, stellt eher den Normalfall dar. Es ist dann häufig eine Frage der Zeit und des konsequenten Anwendens der Methodik, bis das Neue greift und gelebt wird. Wenn es aber wie in diesem Fall dazu führt, dass das Neue von den Mitarbeitern systematisch boykottiert und sabotiert und nach zwei Jahren hartnäckiger Gegenwehr gänzlich aus dem Unternehmen verschwunden sein wird, stellt sich die Frage nach dem Sinn oder Unsinn dieser Vorgehensweise.

Die Begründung der Mitarbeiter dieses Unternehmens für die Ablehnung war immer wieder die gleiche:

- zu kompliziert
- hat mit der Projektpraxis im Unternehmen wenig bis nichts zu tun
- zu theoretisch
- zu viel Bürokratie und damit verbunden ein unangemessener Mehraufwand
- behindert mehr, als dass es nutzt
- Projektzeiten verlängern sich, anstatt sich zu verkürzen

Eines muss noch gesagt werden: Grundsätzlich war die Einsicht für eine standardisierte Vorgehensweise zur Abwicklung von Projekten vorhanden.

Leider ist diese Geschichte kein Einzelfall, sondern die Regel. In den 18 Jahren, in denen wir als Projektmanagement-Trainer und -Berater die Wirtschaft unterstützen, haben wir sehr oft vergleichbare Situationen vorgefunden und uns die Frage gestellt, ob man das nicht besser machen kann. Und es gibt einen Weg.

Wer Projektmanagement in seinem Unternehmen einführen oder optimieren will, vernachlässigt allzu oft das Wichtigste, was er besitzt: sein immaterielles Vermögen – das Know-how und die Problemlösungsfähigkeit der eigenen Mitarbeiter! Mitarbeiter, die teilweise zehn, zwanzig oder mehr Jahre im Unternehmen tätig sind.
Wie Unternehmen dieses Vermögen, sprich diese Kompetenz, am wirksamsten steigern und einsetzen können, zeigt dieses Buch am Beispiel des Konzepts ProfitProjects der Management & Business Systems Reinhard Sturr. Hier wird in den Grundzügen gezeigt, wie ein Unternehmen Schritt für Schritt vorgehen kann, um Projektmanagement in einem Unternehmensbereich einzuführen oder zu optimieren. Von der Beschreibung der Ausgangslage über die einzelnen Prozessschritte bis hin zum erfolgreichen Abschluss. Viel Spaß beim Lesen.

Alfter, im Frühjahr 2010
Bernd Gummersbach

1 Der Start

Wir befinden uns in der Deutschlandzentrale eines weltweit operierenden Unternehmens der Konsumgüterindustrie. Hier Praxisbeispiel GmbH genannt. Die Abteilung Forschung und Entwicklung (F&E) betreibt als Hauptaufgabe die Entwicklung von Markenprodukten, allerdings stellt sie diesen Service nicht ausschließlich der Deutschland GmbH zur Verfügung, sondern ist darüber hinaus für die Entwicklung von Produkten für weitere Marken innerhalb des Konzerns zuständig. Die Notwendigkeit der Kooperation und Koordination mit weiteren Geschäftsbereichen des Konzerns im In- und Ausland – speziell mit der Konzernzentrale in Asien – macht ein abteilungsübergreifendes Arbeiten an Projekten unabdingbar. Folglich ist der überwiegende Teil der operativen Geschäftstätigkeit in F&E durch das Arbeiten in und das Managen von Projekten geprägt, und das bei ständig wachsender Anzahl, sodass unter großem Zeit- und Kostendruck abgearbeitet werden muss.

Dr. Walter Wagner (Name geändert), Bereichsleiter F&E, hat die Untauglichkeit der existierenden Projektaufbau- und -ablauforganisation für die wachsende Anzahl hochkomplexer Projekte erkannt. Um die Organisation und die anstehenden Aufgaben fit für die Zukunft zu machen, wurden in der Vergangenheit verschiedene Maßnahmen ergriffen. Unter anderem schickte man einzelne Projektmanager zu Projektmanagement-Seminaren, um das notwendige Wissen in das Unternehmen zu holen. Die daraus gewonnenen Erkenntnisse sollten entsprechende Lösungsansätze liefern. Eine Reihe von Teams beschäftigte sich mit der Aufgabe, wie das neu erworbene Wissen erfolgreich umgesetzt werden kann. Unzählige Meetings wurden durchgeführt, aber auf die Frage nach dem Königsweg konnte keines der besuchten Seminare respektive kein Team eine passende Antwort geben. Sämtliche Anstrengungen liefen ins Leere.

Das Fazit von Dr. Wagner: Es reicht nicht aus, rein in die Weiterbildung in Form von Projektmanagement-Seminaren zu investieren. Es wird lediglich ein „Strohfeuer" entzündet, das nur eine geringe Wirkung auf den Projektalltag hat und nach relativ kurzer Zeit verpufft. Gefragt ist Nachhaltigkeit.

Dr. Wagner trifft die Entscheidung, nicht das Bestehende zu verbessern, sondern den Kernprozess „Managen von Projekten" radikal neu auszurichten. Die Frage lautet: Was ist der Erfolg versprechendste Weg?

Anfang Januar 2008 besucht Bernd Gummersbach, Projektmanagement-Berater und -Trainer der MBS, Dr. Wagner im Unternehmen. Nachdem Letzterer in einem Kennenlerngespräch das Unternehmen und die wesentlichen Aufgaben seines Bereichs F&E vorgestellt hat, definieren beide gemeinsam folgende Grobziele, die mit den Maßnahmen zur Erarbeitung des zukünftigen Projektmanagements erreicht werden sollen:

- Standardisierung der Projektarbeit im Bereich F&E
  - inhaltlich (was)
  - methodisch (wie)
- Förderung des unternehmerischen Denkens bei der Projektarbeit (Wirtschaftlichkeitsbetrachtung)
- Etablierung einer Meilensteinkultur sowie eines Informations- und Reportingsystems
- Entwicklung eines Projektmanagement-Handbuchs und darauf aufbauend einer Projektmanagement-Guideline (elektronisches Handbuch)
- Die Teilnahme an der Projektmanagement-Qualifizierung versetzt die F&E-Mitarbeiter in die Lage, ein einheitliches Verständnis und Auftreten in Bezug auf das Thema Projektmanagement zu praktizieren
- Durch die standardisierte Vorgehensweise bei der Projektbearbeitung werden eine einheitliche Dokumentation abgelaufener Projekte und der Aufbau einer Wissensdatenbank (Lessons-learned-/Knowledge-Management) ermöglicht
- Die PM-Guideline soll vom Konzept her so aufgebaut werden, dass sie zu einem späteren Zeitpunkt Standard für alle F&E-Projekte wird

- Auswahl und Implementierung eines IT-Tools zur Unterstützung der Projektarbeit

Als letztes und wichtigstes Ziel kommt dem zukünftigen Projektmanagement die Aufgabe zu, die Komplexität zu reduzieren. Mit anderen Worten ausgedrückt: Es muss **einfach** sein und den Mitarbeiter im Projekt unterstützen und nicht behindern.

Für Februar wird das nächste Treffen terminiert und verabredet, dass auf der Grundlage der genannten Grobziele die MBS ein Konzept erarbeitet, mit dessen Hilfe die von Dr. Wagner avisierten Ziele realisiert werden sollen.

2 Das Konzept ProfitProjects

Beim Treffen im Februar 2008 stellt Bernd Gummersbach ein innovatives Konzept vor, womit die von Dr. Wagner geforderten Ziele umgesetzt werden sollen. Das Konzept trägt den Namen „ProfitProjects". Im Wesentlichen geht es darum, dass Mitarbeiter reale Firmenprojekte, sog. Transferprojekte, in ihrem Alltag nach den Grundsätzen von Projektmanagement planen, realisieren und abschließen, wobei sie von erfahrenen Projektmanagement-Beratern und -Trainern über die gesamte Laufzeit der Maßnahme gecoacht werden. Darin liegt einerseits der Vorteil, das theoretisch vorhandene Wissen über Projektmanagement in der Unternehmenspraxis zu trainieren, andererseits soll aus den gemachten Erfahrungen ein „Best Practice" abgeleitet werden, das über die Dauer der Maßnahme dokumentiert und in einem separaten Projektmanagement-Handbuch zusammengefasst wird.

Der im Konzeptnamen steckende „Profit" stellt den materiellen und den immateriellen Nutzen der Maßnahmen in den Vordergrund. Letzterer entsteht durch die im Vergleich zu der bisher angewandten Methodik in den verkürzten Projektlaufzeiten, der Reduzierung des Aufwands und der Kosten, der zielgenaueren Erreichung der Qualitäten und der reibungsloseren Kommunikation aller am Projekt beteiligten Personen.

ProfitProjects führt zu neuen Strategien, Strukturen, Systemen sowie Prozessen und bewirkt neue Verhaltensweisen in einer Organisation. Somit stellt es nichts anderes als einen umfangreichen Change-Management-Prozess dar.

Was ist das Innovative an ProfitProjects? Die Neuerung ist primär in zwei Bereichen zu sehen: Zum einen hat das Unternehmen nach Abschluss der Maßnahme ein funktionierendes und gelebtes Projektmanagement. Zum anderen werden mindestens 80 Prozent der Leistungen von den Firmenmitarbeitern erbracht und nur höchstens 20 Prozent von den Beratern. Üblich ist oftmals das umgekehrte Verhältnis, was in den meisten Fällen zu unverhältnismäßig hohen Kosten führt und eine dauerhaft ablehnende Haltung der Mitarbeiter gegenüber der neuen Vorgehensweise vorprogrammiert.

Veränderungsprozesse scheitern, wenn Mitarbeiter nicht von der Wichtigkeit der Veränderungen für das Überleben, für den zukünftigen Erfolg und letztlich für sie selbst überzeugt sind, sei es auch nur, damit sie ihren Arbeitsplatz erhalten. Der Widerstand und die Unruhe, die angekündigte oder bereits angelaufene Veränderungsprozesse in der Regel begleiten, stellen normale Begleiterscheinungen dar. Dieser Tatsache trägt ProfitProjects Rechnung, indem die Mitarbeiter in einer wertschätzenden Atmosphäre diesen Prozess der Veränderung aktiv mitgestalten können. Dies weckt die Verantwortlichkeit und Identifikation mit der Arbeit.

Nachstehend zusammengefasst der Nutzen von ProfitProjects:

Professionelles Projektmanagement macht Projekte effizienter und sorgt für qualitativ bessere Ergebnisse durch

- eine präzise Definition von Zielen, Aufgaben und Kompetenzen,
- eine Optimierung und Verdeutlichung der interdisziplinären Prozesse,
- einen jederzeit transparenten Projektstatus,
- die frühe und rechtzeitige Aufdeckung von möglichen Fehlentwicklungen,
- die optimale Nutzung der erforderlichen Ressourcen,
- eine konsequente Dokumentation von Erfahrungswerten (für genauere Schätzungen bei zukünftigen Projekten),
- eine konstruktive Behandlung von Interessenkonflikten,
- reduzierte Kosten durch Vermeidung von Schleifen, Kommunikationsproblemen und unnötiger Mehrarbeit,
- ein motiviertes Projektteam.

Ziel/Ergebnis von ProfitProjects:

Projektleiter/Projektmitarbeiter sind qualifiziert, Projekte mit den Methoden des Projektmanagements so abzuwickeln, dass

> vereinbarte Termine eingehalten werden,
> die Kosten im vereinbarten Rahmen bleiben,
> alle inhaltlichen und qualitativen Ziele erreicht werden.

Dr. Wagner lässt sich von dem Konzept „ProfitProjects" begeistern und schnell nimmt die Maßnahme Formen an. Da die Umsetzung selbst ein Projekt verkörpert, wird das Projekt nach den Grundsätzen des Projektmanagements durchgeführt. Als zeitlicher Rahmen werden 15 Monate angesetzt. Start ist im April 2008, der Abschluss ist für den Juli 2009 geplant.

Die gesamte Maßnahme durchläuft drei zeitlich sequenziell ablaufende Phasen, die jeweils in verschiedene Bausteine aufgeteilt sind.

Die Phasen von ProfitProjects:

1. Projektmanagement-Training (April 2008)
2. Umfeldanalysen (Mai–Juni 2008)
3. Realisierungsphase der Transferprojekte (Juli 2008–Juli 2009)

3 Phase I: Projektmanagement-Training

Die erste Phase, Projektmanagement-Training, in der insgesamt 35 Mitarbeiter mit Projektverantwortung geschult werden, startet im April 2008. Sie besteht aus zwei unterschiedlichen Bausteinen und beginnt zunächst mit „Grundlagen des operativen Projektmanagements". Ziel ist es, bezogen auf die Terminologie und die Instrumente, ein einheitliches Verständnis für Projektmanagement herzustellen. Inhaltlich werden in diesem Seminar die entsprechenden grundlegenden Methoden, Verfahren und Techniken vermittelt, wobei u. a. folgende Themengebiete bearbeitet werden:

- grundlegende Begriffe des Projektmanagements
- Bestandteile erfolgreicher Projektarbeit
- Projekte richtig starten
- Einbettung von Projekten in die betriebliche Aufbauorganisation
- Ablaufplanungsmethoden
- die wesentlichen Instrumente der Kontrolle und Steuerung von Projekten
- Projekte korrekt abschließen

Die Teilnehmer erlernen während des Seminars nicht nur die theoretischen Grundlagen des Projektmanagements, sondern haben zudem die Gelegenheit, eine durchgehende Fallstudie zu bearbeiten, woran sie ihr neu erworbenes Wissen ausprobieren können. Um einen möglichst hohen Praxisbezug herzustellen, werden die verschiedenen Arbeitsergebnisse in einer Management-Präsentation vorgestellt. Dabei ist es spannend zu beobachten, wie sich eine Reihe von Problemen, die in der betrieblichen Praxis der Teilnehmer auftreten, im Seminar widerspiegeln. Beispielsweise macht ein Team die Erfahrung, dass eine mangelhafte Zieldefinition in der Initialisierungsphase zu Beginn des Projekts zu einem unverhältnismäßig hohen Diskussionsbedarf in der Planungsphase und später auch in der Realisierung führt. Nach dem Motto von Mark Twain: „Als wir unser Ziel vollends aus den Augen verloren hatten, verdoppelten wir unsere Anstrengungen." In einem anderen Fall belastet ein Konflikt zwischen zwei Teilnehmern die Gruppenarbeit derart, dass erhebliche Auswirkungen auf die Qualität der Ergebnisse auftreten und die Gruppe fast gesprengt wird.

Die Teilnehmer erkennen nun, dass in den bisherigen betrieblichen Projekten der Startphase zu wenig Aufmerksamkeit gewidmet wurde. Projektmanagement-Instrumente, wie etwa eine Projektaufgabenbeschreibung oder eine Zielstrukturplanung, beides Methoden, um ein Projekt sauber zu starten, fehlten gänzlich und werden als absolutes Muss für die zukünftige Projektmanagement-Vorgehensweise angesehen. Auch das Thema Schnittstellenkommunikation zu anderen Abteilungen, insbesondere zu den Abteilungen Marketing und Global Supply Chain, wird als stark verbesserungswürdig angesehen, weil der Informationsfluss zwischen den Abteilungen weit vom Optimum entfernt ist. Dies führt oftmals zu falschen Annahmen, was den Gesamtaufwand erheblich erhöht. Eine weitere wichtige Erkenntnis betrifft das Thema „Risiko in Projekten". Nach einhelliger Meinung ist das aktuelle Risikomanagement völlig unzureichend. Obwohl in Meetings auf mögliche Risiken hingewiesen wurde, existierte eine schriftliche Dokumentation der Gefahren, deren Bewertung und mögliche Auswirkungen sowie eventuelle Präventionsmaßnahmen bis dato nicht.

Am Ende des ersten Bausteins sind alle Teilnehmer von den Möglichkeiten begeistert, die eine strukturierte Herangehensweise an Projekte mithilfe der Methoden, Techniken und Verfahren des Projektmanagements aufzeigt. Zudem wurde deutlich, dass das bisherige Projektmanagement bei F&E für die zukünftig stetig wachsende Anzahl an Projekten völlig unzureichend ist.

Bei einer Reihe von Teilnehmern überwiegt zu diesem Zeitpunkt allerdings die Skepsis, inwieweit die gelernten Methoden und Techniken in ihren betrieblichen Alltag integriert werden können. Aussagen, wie z. B. „Klingt in der Theorie zwar sehr gut, aber wie soll das bei uns funktionieren?" oder „In anderen Unternehmen ist das zwar vorstellbar, aber in unserer Projektlandschaft ist doch alles anders ...", zeigen die Vorbehalte.

Der zweite Baustein der Phase I beschäftigte sich mit dem Thema „Teamentwicklung und Kommunikation" in Projekten. Ein sehr wichtiges Thema, weil nach unserer Erfahrung Projekte nicht an der Projektmanagement-Methodik scheitern, sondern an den Menschen.

Neben dem Teamentwicklungsprozess und dem situativen Führungsstil steht das Team Management System (TMS®) von Dr. Charles Margerison und Dr. Dick McCann im Mittelpunkt dieses Seminars. Mit dem Ziel, Erfolgs- und Misserfolgskriterien für effektive Teamarbeit zu entdecken, führten sie breit angelegte empirische Interviewreihen bei erfolgreichen und erfolglosen Teams in mehreren Ländern und Organisationen durch. Erforscht wurde zum einen, wie eine effektive Teamfunktionalität aussieht, und zum anderen, welche Bedeutung die Arbeitspräferenzen der Teammitglieder für den Erfolg der Teamarbeit haben. Dabei fanden sie heraus, dass in besonders erfolgreichen Projektteams insgesamt acht zentrale Arbeitsanforderungen wahrgenommen wurden, die sogenannten Arbeitsfunktionen. Zusätzlich ermöglicht das TMS den Projektleitern, Teammitgliedern oder Mitarbeitern, ihre Arbeitspräferenzen im Bereich der acht Arbeitsfunktionen zu identifizieren.

Die beiden folgenden Abbildungen zeigen beide Bereiche:

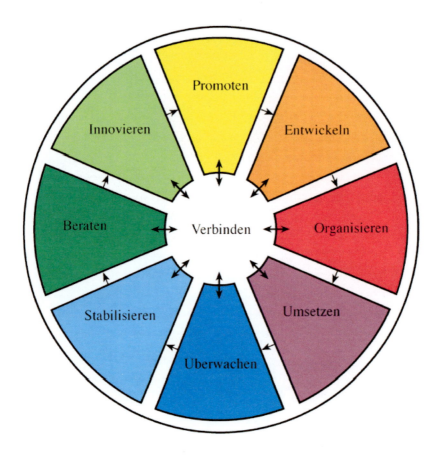

Abb. 1: Das Modell der Arbeitsfunktionen nach Margerison und McCann

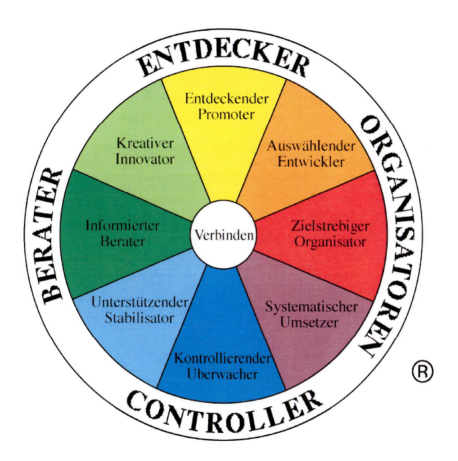

Abb. 2: Das Modell der Arbeitspräferenzen nach Margerison und McCann

Das TMS stellt Führungskräften und ihren Organisationen, Bereichen, Abteilungen und Teams empirisch erforschte Modelle, Analyse- und Entwicklungskonzepte sowie valide und reliable Instrumente für persönlichen Erfolg, Team- und Unternehmenserfolg zur Verfügung.

Im Vorfeld dieses Seminars füllte jeder Teilnehmer einen 60 Punkte umfassenden Fragebogen aus (Dauer ca. 10–15 Minuten), auf dessen Grundlage für jeden ein individuelles, etwa 30-seitiges Team-Management-Profil erstellt wurde, das im Seminar zur Sprache kam. Mithilfe des Profils soll den Teilnehmern klar aufgezeigt werden, wie jeder Einzelne seine Schwerpunkte in der Kommunikation setzt, wie er mit Informationen umgeht, wie er sich und seine Arbeit organisiert und wie er Entscheidungen bevorzugt trifft. Die Auswertung zeigt deutlich, dass jede Person im Hinblick auf ihre Arbeitspräferenzen unterschiedliche Vorlieben hat und dass alle Präferenzen für erfolgreiche Führungsarbeit und Teamarbeit gebraucht werden. Außerdem wird klar, dass es keine guten oder schlechten Arbeitspräferenzprofile gibt.

Die Profile sind aber nicht nur Wegweiser zur Kernkompetenz eines Teammitglieds, sondern dienen auch der Findung der eigenen Rolle, um sich mit der eigenen Fähigkeit von anderen abzugrenzen – eine Art Schutzraum, der auch das Selbstbewusstsein stärkt und das Verständnis für die anderen Teammitglieder fördert.

Die neu gewonnenen Erkenntnisse verbessern zusätzlich die Kommunikation im Team, fördern den Teamgeist und stimmen die Gruppe emotional auf die folgenden Monate ein.

4 Phase II: Umfeldanalyse

Nach erfolgreichem Abschluss von Phase I folgt im Juni 2008 die Umfeldanalyse. Phase II wird in mehreren Workshops durchgeführt. Im Fokus steht zunächst die Aufgabe, die Stärken und Schwächen des aktuellen F&E-Projektmanagements zu analysieren, d. h. welche fördernden und welche hemmenden Faktoren den betrieblichen Projektalltag bestimmen.
Schauen wir uns zuerst das Ergebnis des ersten Workshops und die von den Teilnehmern am häufigsten genannten Merkmale an. Als zentrale Stärke werden das eigene Werteverständnis und das Verhalten gesehen. Dies bedeutet im Einzelnen:

- große Flexibilität
- großes Engagement/hohe Einsatzbereitschaft
- selbstständiges Arbeiten
- Bereitschaft, Risiken zu übernehmen
- Kooperationsbereitschaft

Große Erfahrung und ein hoher Wissensstand sehen die Teilnehmer ebenfalls als Plus an. Die Teamarbeit wird als sehr gut bezeichnet. Darunter verstehen sie:

- reibungsfreies Arbeiten
- gutes Miteinander/hohe Hilfsbereitschaft
- lockerer Umgang
- Spaß bei der Arbeit
- gutes Arbeitsklima

Als letzte wichtige Stärke geben sie die hohe Identifikation mit dem Unternehmen und der Arbeit an.

Diese Selbstwahrnehmung der F&E-Mitarbeiter deckt sich mit der Einschätzung der MBS-Berater. Die Motivation in diesem Bereich und damit auch die Bereitschaft, Projekte bestmöglich abzuschließen, sind extrem hoch. Dieses große Potenzial wird jedoch durch vorhandene Defizite im bestehenden Projektmanagement nicht in dem Maße genutzt, wie es die zukünftigen Herausforderungen erforderlich machen. Dies macht der nachfolgende Blick auf die Schwächen des aktuellen PM deutlich.

Schwächen:

- zu kurzfristige Planung unter hohem Zeitdruck
- zu wenig Zeit für Innovationen
- zu kurze Entwicklungszeiten
- lange Entscheidungswege
- zu knappes Timing
- zu knappe Ressourcen
- zu viele Projekte parallel
- zu viele Zusatzaufgaben
- häufig keine schriftlichen Zielvorgaben
- Ziele oft ungenau und mit großen Bandbreiten behaftet
- Fehlende Schnittstellendefinition führt zu Intransparenz der Zuständigkeiten

Daraus ergeben sich viele Risiken und die Gefahr des „Innovationstods".

Für die bestehende Projektmanagement-Aufbau- und -Ablauforganisation werden folgende Defizite ausgemacht (Auszug):

- fehlende ganzheitliche Prozessbeschreibung für die gesamte Projektlaufzeit (Phasenmodell)
- mangelnder Informationsfluss zwischen den am Projekt beteiligten Abteilungen

- unzureichendes Risikomanagement
- lückenhafte Dokumentation der Start- und Planungsphase
- keine IT-gestützte Ablauf-, Zeit-, Ressourcen- und Kostenplanung
- kein geregeltes Change-Request-Verfahren
- fehlende systematische Erfahrungssicherung am Projektende
- kein zentrales Projektarchiv

In einem abschließenden Workshop, an dem Dr. Wagner und vier seiner Abteilungsleiter teilnehmen, findet noch einmal gesondert eine Analyse der Projekte aus der jüngsten Vergangenheit statt, bei denen erhebliche Probleme auftraten und die kurz vor dem Scheitern standen. Das Ergebnis deckt sich mit den Erkenntnissen aus den vorhergehenden Workshops.

Zusammenfassend zeigt das Gesamtergebnis der Umfeldanalyse, dass der Geschäftsprozess „Management von Projekten" unzureichend definiert ist. Innerhalb der verschiedenen Abteilungen gibt es zwar „Insellösungen", es fehlt aber ein verbindlicher Gesamtprozess, der die an den Projekten Beteiligten miteinander vernetzt. Diesen Gesamtprozess zu definieren ist Aufgabe der Phase III, die sogenannte „Realisierungsphase der Transferprojekte".

5 Phase III: Realisierungsphase der Transferprojekte

Im Juli 2008 startet die dritte und längste Phase: die Realisierung der Transferprojekte. Es beginnt das praktische Umsetzen des in den Seminaren und Workshops der Phasen I und II vermittelten bzw. ermittelten Wissens: das operative Projektmanagement sowie die aktive Kommunikation und Teamführung. Phase III gilt als eigenständiges Projekt und sämtliche realen Projekte (Transferprojekte) werden – von der Projektinitialisierung bis zum Projektabschluss – mit den Methoden des Projektmanagements geplant, realisiert und abgeschlossen.

5.1 Die Projektaufgabenbeschreibung

Der erste Schritt von Phase III ist die Ausarbeitung der sogenannten Projektaufgabenbeschreibung, ein von der MBS in den meisten Projekten eingesetztes Instrument aus dem Projektmanagement-Methodenbaukasten. Sie dient dazu, die sich durch die Transferprojekte ergebenden Aufgaben in ihrer Gesamtheit wahrzunehmen und zu beschreiben. Anstatt sich zu Anfang schon in Details zu verlieren, soll die Aufgabe als Ganzes dargestellt und verstanden werden. Die Projektaufgabenbeschreibung soll dem Projektleiter ein Bild über die erforderlichen Tätigkeiten und Teilaufgaben liefern und ihm einen schnellen Einstieg in die Projektproblematik ermöglichen. Dem Auftraggeber zeigt die Projektaufgabenbeschreibung, ob alle seine Forderungen und Wünsche richtig verstanden wurden, und schärft noch einmal den Blick für die zu erwartenden Ergebnisse.
Die Fragen der Projektaufgabenbeschreibung nach dem WAS, WER, WO, WANN, WIE und WAS NICHT bilden einen „roten Faden", um den Projektrahmen festzulegen, und ermöglichen dem Auftraggeber und

dem Auftragnehmer, sich ein Bild über den Umfang des Projekts zu machen. Sie erfolgt in schriftlicher Form und wird dem Auftraggeber nach Fertigstellung zur Freigabe der nächsten Schritte vorgelegt und von ihm unterschrieben.

Vorgehensweise und Ergebnisse der Projektaufgabenbeschreibung
Im Rahmen der Projektaufgabenbeschreibung werden folgende Themenbereiche analysiert und beschrieben:

1. Hintergrund
Dieser Abschnitt beschreibt das Geschäft des Kunden und seine Kernkompetenzen. Hier erhalten wir eine erste Vorstellung, warum das Projekt eingeleitet wurde und was der Kunde mit diesem Projekt erreichen möchte.
Oftmals kommt an dieser Stelle der Hinweis von Projektmitarbeitern, dass sie keinen Kunden hätten. Fälschlicherweise wird mit Kunde häufig der Begriff Endverbraucher in Verbindung gebracht. Per definitionem ist ein Kunde jemand, für den eine Leistung erbracht wird, unabhängig davon, ob es sich um einen externen Endverbraucher oder um eine interne Organisationseinheit handelt. Aus Vereinfachungsgründen benutzt man vielfach den Begriff Auftraggeber anstelle Kunde.

2. Ziele
Dieser Abschnitt gibt an, welche Ziele Auftraggeber und Auftragnehmer mit dem Projekt erreichen wollen.
Um der Gefahr von Missverständnissen vorzubeugen, definiert man ebenfalls die „Nicht-Ziele" des Projekts, was im Übrigen eine wichtige Maßnahme zu Projektbeginn darstellt, um von vornherein den exakten Leistungsumfang zu definieren. Unsere Beratungspraxis zeigt, dass dies gerade bei Projekten, deren Zeit- und Kostenrahmen im Vergleich zur Planung deutlich überschritten wurde, oft durch permanente Nachforderungen von Leistungen aufseiten des Auftraggebers begründet ist. Dem kann gerade mit der Definition der Nicht-Ziele vorgebeugt werden.

Zu Projektbeginn herrscht bei der Zieldefinition häufig eine gewisse Unschärfe. Im weiteren Verlauf der Planung muss es jedoch gelingen, operationale Ziele zu definieren.

3. Umfang

Der Umfang gibt an, welche konkreten Arbeitsergebnisse durch das Projekt erbracht werden müssen (innerhalb des Umfangs) und welche Veränderungen sich durch das Projekt ergeben.

Um die Gefahr von Missverständnissen zwischen Auftraggeber und Auftragnehmer zu reduzieren, definiert man auch hier den Nicht-Umfang der Leistungen (außerhalb des Umfangs).

4. Betroffene und Beteiligte

In diesem Punkt wird geklärt, wer der Auftraggeber ist und von wem das Projekt realisiert wird. Daneben gibt es oftmals noch die Schirmherren, auch Projektpaten genannt. Das sind Führungskräfte, die die Teams unterstützen und in kritischen Situationen helfend eingreifen.

5. Randbedingungen

Randbedingungen sind Einschränkungen, die bei der Projektrealisierung zwingend beachtet werden müssen. Sie können sich beziehen auf: Projektmethode, Prioritäten, Personal, Zeit, Budget, Technologie, Umgebung, Entscheidungszyklen, Werkzeuge und Techniken sowie andere Aspekte des Projekts.

Randbedingungen müssen zu Projektbeginn identifiziert und ihre Einhaltung im Projektverlauf kontrolliert werden.

6. Annahmen

Annahmen sind Erwartungen, die die Grundlage für Entscheidungen bilden.

7. Verantwortlichkeiten des Auftraggebers
In diesem Abschnitt wird die Verantwortung des Auftraggebers für den Projekterfolg festgeschrieben. Dem Auftraggeber muss nicht nur seine Verantwortung klar sein, sondern auch die Rückwirkung auf das Projekt, wenn er seiner Verantwortung nicht gerecht wird.

8. Risiken
Dieser Abschnitt beschreibt die wichtigsten Projektrisiken sowie ihre potenziellen Auswirkungen auf den Projekterfolg.
Die Risiken können sich auf Grundsätze, widersprüchliche Interessen und Prioritäten, Ressourcenzusagen oder Verantwortlichkeiten beziehen.

9. Projektabschlusskriterien
Die Projektabschlusskriterien zeigen an, unter welchen Bedingungen das Projekt als abgeschlossen gilt.

Projektaufgabenbeschreibung für die Phase III

Die folgenden Ausführungen zeigen die konkrete Projektaufgabenbeschreibung für die Phase III. Verantwortlich für die Erstellung der Projektaufgabenbeschreibung ist die MBS, in enger Abstimmung mit Dr. Wagner und seinem Stellvertreter, Dr. Wolff (Name geändert).

1. Hintergrund

Die Praxisbeispiel GmbH ist, wie bereits geschildert, ein weltweit operierendes Unternehmen der Konsumgüterindustrie, dessen Bereich Forschung und Entwicklung (F&E) als Hauptaufgabe die Entwicklung von Markenprodukten betreibt, wobei der Forschungs- und Entwicklungsbereich diesen Service nicht ausschließlich der Deutschland GmbH zur Verfügung stellt, sondern ferner für die Entwicklung von Produkten für weitere Marken innerhalb des Konzerns zuständig ist. Die Notwendigkeit der Kooperation und Koordination mit weiteren Geschäftsbereichen des Konzerns im In- und Ausland – speziell mit der Konzernzentrale in Asien – macht ein abteilungsübergreifendes Arbeiten an Projekten unabdingbar. Folglich ist der überwiegende Teil der operativen Geschäftstätigkeit in F&E durch das Arbeiten in und das Managen von Projekten geprägt, und das bei ständig wachsender Anzahl, sodass unter großem Zeit- und Kostendruck abgearbeitet werden muss.

2. Ziele

Ziele der Phase III	Nicht-Ziele der Phase III
1. PM-Methoden, Formulare und Reports wurden genutzt und auf ihre Praxistauglichkeit hin getestet. „Best-Practice-Lösungen" wurden im PM-Handbuch aufgenommen.	

2. Der Bereich F&E verfügt über ein PM-Handbuch, in dem der PM-Prozess, die Methoden, Tools und Formulare dokumentiert sind.	Entwicklung eines Multi-PM-Systems und der Aufbau eines Projektbüros/ einer zentralen Projektkoordination.
3. Es steht eine aus dem PM-Handbuch abgeleitete Konzeption für eine IT-gestützte Version („PM-Guideline") zur Verfügung.	Eine „PM-Guideline" ist realisiert und implementiert, d. h., die Guideline wird von allen Projektbeteiligten angewendet.
4. Die Category Manager des Bereichs F&E beherrschen die Methodik der neuen Projektmanagement-Vorgehensweise, um alle im Bereich F&E laufenden Projekte nach den Parametern des neuen PM-Handbuchs zu planen und zu steuern.	
5. Alle Projektleiter und -mitarbeiter sind in MS Project geschult. Alle Projektleiter der Transferprojekte verfügen über erste Anwendungserfahrungen und sind in der Lage, eine IT-gestützte Terminplanung durchzuführen und zu optimieren.	
6. Das Rollout der PM-Systematik und des PM-Handbuches im Bereich F&E wurde durch eine Infoveranstaltung mit dem relevanten Teilnehmerkreis unterstützt.	Alle Bereichsmitarbeiter und die betroffenen Führungskräfte sind in der Anwendung der PM-Systematik und des PM-Handbuchs geschult.
7. Zeitziel: Die „Muss-Ziele" sind spätestens 15 Monate nach Projektstart (04.07.2009) erreicht.	

8. Qualitätsziel: Die Projektmanagement-Systematik erfüllt die Anforderungen des internen Qualitätsmanagements des Unternehmens.	

3. Umfang

Innerhalb des Umfangs	Außerhalb des Umfangs
1. Definition, Reorganisation und Standardisierung des Projektmanagementprozesses innerhalb des Bereichs F&E – dazu gehören: • Kurzanalyse der zur Verfügung stehenden Formulare, IT-Systeme (PM) und Prozesse • Aufbau eines Methoden-Baukastens für die Projektstrukturplanung, Ablauf-, Zeit-, Ressourcen-, Kostenplanung, das Risikomanagement, die Projektkontrolle und -steuerung und die Projektreflexion • Entwicklung projektunterstützender Informationsflüsse und Kommunikationsstrukturen • Entwicklung eines Rechte- und Pflichtenregelwerks für alle Projektbeteiligten • Entwicklung von Formularen, Prozessen und Methoden zur Optimierung und Standardisierung des Projektmanagements	• Reorganisation von operativen Geschäftseinheiten • Übernahme der Verantwortung für den Erfolg der Realprojekte • Auswahl oder Einsatz von Systemen und Prozessen zur Unterstützung des Projektmanagements in anderen Unternehmensbereichen

• Projektbegleitung und -Coaching der Transferprojekte sowie Abnahme von Statusreports und Durchführung von Präsentationen zum Projektstand an den Auftraggeber • Entwicklung eines gemeinsamen Verständnisses und einer einheitlichen Terminologie zum Thema Projektmanagement im Bereich F&E • Kontinuierliche Anpassung des Handbuchs an die F&E-Projektmanagement-Umgebung über die Laufzeit der Transferprojekte	
2. Funktions- und Kompetenzbeschreibung der betroffenen Projektorganisationseinheiten	
3. Schaffung der aufbauorganisatorischen Rahmenbedingungen für die Realisierung der Transferprojekte	Etablierung einer zentralen Projektkoordination oder Aufbau eines Projektbüros
4. Frühzeitige Einbindung relevanter Gruppen und Instanzen (Führungskräfte, Betriebsrat, Personalabteilung)	
5. Aufbau einer Informationsflussmatrix zwischen F&E, den Transferteams, dem Kernteam und MBS	

6. Entwicklung und Erstellung eines standardisierten Projektmanagement-Handbuches (z. B. als MS-Word-Dokument) für F&E unter Berücksichtigung der vorhandenen Systematik gemäß Umfeldanalyse der Phase II	IT-Umsetzung des auf F&E adaptierten Handbuches
7. Konzeption einer „PM-Guideline" der IT-gestützten Version des Projektmanagement-Handbuches	Komplette Projektierung der Konzeption und Einführung der „PM-Guideline"

4. Betroffene und Beteiligte

Mitglieder des Kernteams aufseiten F&E:
Dr. Walter Wagner (Auftraggeber)

Schirmherren:
Dr. Peter Wolff — Transferprojekt 1
Dr. Bernd Meier — Transferprojekt 2
Dr. Frank Limani — Transferprojekt 3
Dr. Frank Limani — Transferprojekt 4

Human Resources:
Magda Müller
Michael Ost

Aufseiten von MBS:
Bernd Gummersbach
Bernd Zerban

Aufgaben der Kernteammitglieder
- Koordinieren die Arbeit der Projektbeteiligten
- Überwachen Zeitpläne, koordinieren Termine, Ressourcen und Kosten
- Treffen Entscheidungen bezüglich des „Wie", „Wann" und „Was"
- Verteilen Arbeitspakete an die Arbeitsgruppen
- Definieren und koordinieren Schnittstellen in den Unternehmensbereichen
- Sind Schlichtungsinstanz bei Konflikten zwischen Arbeitsgruppen und Unternehmensbereichen

5. Randbedingungen

Folgende Randbedingungen sind zu beachten:

- Auf vorhandenem Projektmanagement-Know-how des Bereichs F&E wird aufgebaut.
- Kontinuierliche Begleitung der Transferprojekte (Coaching) durch die MBS ist sichergestellt.
- Betriebsratsbestimmungen werden beachtet und der BR in alle relevanten Fragen mit einbezogen.
- Das Corporate Design des Unternehmens wird beachtet.
- Es finden zyklische Projektteamsitzungen spätestens alle acht Wochen statt.
- Die Mitarbeiter haben das Recht, nach Rücksprache mit der Projektleitung oder ihren Vorgesetzten bei Bedarf auf die Dienste der MBS zuzugreifen (z. B. methodische Begleitung, Moderation oder außerplanmäßiges Coaching).
- Im Rahmen der Phase III sind vier Seminarmodule vorgesehen.

6. Annahmen

- Das „neue" Projektmanagement wird im Bereich F&E von Schirmherren unterstützt.
- Die zu entwickelnden Projektmanagement-Methoden und -Prozesse sind von allen Beteiligten und Betroffenen gewollt.
- Die durch Projektmanagement geschaffene Transparenz ist gewollt.
- Die benötigten Ressourcen werden zeitgerecht zur Verfügung gestellt.
- Die informationstechnologischen Voraussetzungen werden geschaffen, um das Projekthandbuch und die darauf aufbauende Guideline abzubilden.
- Die Teilnehmer der Transferprojekte sind engagiert und motiviert.
- Zur ganzheitlichen Erfassung und zur Evaluierung durchlaufen die vier Transferprojekte vollständig alle Phasen des Projektprozesses – von der Projektidee bis zum Projektabschluss.
- Das Projekt „PM-Handbuch" liegt in der Verantwortung der MBS.

7. Verantwortlichkeiten des Auftraggebers

Verantwortlichkeit	Potenzielle Auswirkungen auf den Projekterfolg bei Nichtberücksichtigung
1. Die für die Projektdurchführung notwendigen Ressourcen stehen in der erforderlichen Quantität und/oder Qualität zur Verfügung	Gefährdung der Projektziele und damit des Projekterfolges
2. Volle Unterstützung (Promotion) der Geschäftsführung/des Lenkungsgremiums bei der Projektdurchführung	Gefährdung der Projektziele und damit des Projekterfolges
3. Projektrelevante Entscheidungen des Managements werden termingerecht bzw. meilensteinorientiert getroffen	Gefährdung der Terminziele

8. Risiken

- Mangelnde Verbindlichkeit und Akzeptanz der etablierten Prozesse und Methoden
- Keine angemessene Priorität oder Prioritätenverschiebung innerhalb Transferprojekte/Gesamtprojekt Standardisierung Projektmanagement bei F&E und damit einhergehend eine unzureichende Ressourcenausstattung
- Überlagerung der Gesamtmaßnahme durch andere Themen/Projekte aus dem Bereich Marketing
- Unausgesprochene Ängste, Befürchtungen oder persönliche Widerstände bei Betroffenen und daraus abgeleitete Blockade des Gesamtprojektes

9. Projektabschlusskriterien

Das Projekt gilt als abgeschlossen, wenn die Ziele von Phase III erfüllt sind. Insbesondere gilt:
- Das Projektmanagement-Handbuch liegt in Papierform und als Word-Dokument vor.
- Die Konzeption der Guideline ist abgeschlossen.
- Die Transferprojekte sind abgeschlossen und ausgewertet.
- Eine Abschlussveranstaltung hat stattgefunden und entlastet Projektleiter und Projektbeteiligte.

<u>Verfahren:</u> Die Zielerfüllung bzw. der Projektabschluss wird mittels Abnahme der entsprechenden Arbeitsergebnisse durch Auftraggeber und Auftragnehmer gemeinsam festgestellt. Das Ergebnis der Abnahme dokumentiert ein Abnahmeprotokoll. Für eventuell festgestellte Mängel werden in diesem Protokoll zeitlich befristete Nachbesserungsmaßnahmen festgelegt.

5.2 Bestimmung der Transferprojekte und der Projektteams

Nach Abschluss der Projektaufgabenbeschreibung – Mitte Juli 2008 – geht es darum, die vier Transferprojekte zu identifizieren, anhand derer die Führungsaufgaben und Methoden des Projektmanagements, die Regeln der Teamarbeit sowie die Präsentationstechniken in realen Fällen erprobt werden. Hierzu müssen die Projekte folgende Kriterien erfüllen:

1. Jedes Projektteam muss ein reales Projekt eigenverantwortlich bearbeiten.
2. Alle Projekte sollen bereichsübergreifende Themen zum Inhalt haben.

3. Nur neue und in sich abgegrenzte Projekte werden in das Programm aufgenommen.
4. Alle Projekte sind spätestens im Sommer 2009 abgeschlossen.
5. Jedes Projektteam erhält einen Schirmherrn aus der Geschäftsleitung als Ansprechpartner. Dieser genehmigt den Projektvorschlag und bewilligt den für die Realisierung notwendigen Kapitalbedarf.
6. Die Projektdefinition erfolgt nach DIN 69900 bzw. 69901.
7. Bei der Projektkostenrechnung werden ausschließlich Entwicklungs-, Investitions- und Realisierungskosten berücksichtigt, die dem Projekt eindeutig zugeordnet werden können. Dazu zählen auch zusätzliche Reisekosten.
8. Die Projektrealisierung erfolgt innerhalb des Tagesgeschäfts der Teilnehmer.
9. Die Projekterkenntnisse werden nach Projektende in den Geschäftsprozess Projektmanagement integriert.

Anschließend erarbeiten die Projektpaten anhand dieser Kriterien einen Pool an Projekten, aus denen sich nach kurzer Zeit die vier Transferprojekte herauskristallisieren. Bei allen Projekten handelt es sich um reale Entwicklungsprojekte, ein Relaunch-Projekt und drei Produktneuentwicklungen (aus Geheimhaltungsgründen kann hier auf die inhaltliche Aufgabenstellung der Projekte nicht näher eingegangen werden). Die entsprechenden Teams sind schnell gefunden und stehen Ende Juli 2008 in den Startlöchern.

5.3 Die Projektaufbauorganisation

Die Projektaufbauorganisation der Transferprojekte sieht vor, dass jedem Projekt ein Schirmherr aus der Geschäftsleitung zur Seite gestellt wird. Ihm kommt die Aufgabe zu, die notwendigen Ressourcen/Finanzmittel zu bewilligen und den Projektteams als Ansprechpartner zur Verfügung zu stehen.

Ein Steuerungsboard aus Schirmherren, den Leitern der einzelnen Teams sowie den involvierten Beratern und Coaches der MBS begleitet die Maßnahme.

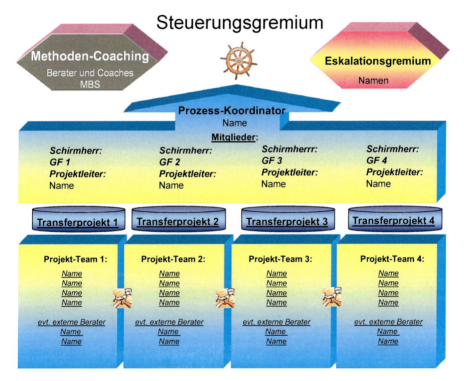

Abb. 3: Die Projektaufbauorganisation

5.4 Phasenplan: PM-Tools für die Transferprojekte

Nun geht es darum, festzulegen, in welchen Phasen und mit welchen Methoden und Instrumenten aus dem Projektmanagement-Werkzeugkasten die einzelnen Transferprojekte geplant und realisiert werden sollen. Durch eine verbindliche Vorgehensweise sollen sich die vier Teams anhand ihrer jeweiligen Projekte die wirksamsten Projektmanagement-Methoden und Techniken „on the job" erarbeiten.

Die „Best-Practice"-Lösungen werden über das Jahr hinweg dokumentiert und in einem separaten Projektmanagement-Handbuch zusammengefasst. Der Phasenplan für die Transferprojekte wird wiederum in einem Workshop gemeinsam mit Dr. Wagner und den Projektpaten, moderiert von MBS-Beratern, erarbeitet.

Die folgende Abbildung zeigt das Ergebnis:

Machbarkeitsstudie	Projektdefinition	Projektplanung	Projektrealisierung	Projektabschluss
• Vorgespräche Marketing/ F&E • Brainstorming Marketing/ F&E • Vorbriefing für Machbarkeitsstudie • **Machbarkeitsstudie** (Anmerkung: Erhalte bessere Schärfe mit 80%iger Genauigkeit) • Briefing Category Manager durch Marketing • Schirmherr entscheidet über Freigabe Projektdefinition für F&E	• Projektleiter arbeitet Projektauftrag schriftlich aus: • **Projektaufgabenbeschreibung** • **Projektantrag/-auftrag** • Schirmherr entscheidet über Freigabe Projektplanung	• **Kick-off-Meeting** – Projektmanager – MKT; GSC, F&E • **Vernetzter Terminplan** (MS Project) • **Aufwandsplan (nur PT)** • **Projektstrukturplan** • Alternativ: To-do-Liste • **Meilenstein-Liste** • **Risikoanalyse** (zu Beginn der Planung und bei Change-Request) • Schirmherr entscheidet über Freigabe Projektrealisierung	• Projekt-Controlling durch Projektleiter: • Regelmäßige Meetings • Update Zeitpläne • Protokolle • **Terminüberwachung** (Soll-Ist-Vergleich) • **Statusberichte** • **Liste der offenen Punkte** • Produktoptimierung: Change-Request • Schirmherr überwacht und entscheidet über notwendige Änderungen	• Aktuell: Projektleiter analysiert und stellt fest: Alle Meilensteine erreicht Zukünftig: • **Projektabnahme** • Schirmherr entlastet Projektleiter

Abb. 4: Phasenplan: „PM-Tools" für Transferprojekte bei F&E

Dieser Phasenplan zeigt in der obersten Zeile die sequenziell abzuarbeitenden Phasen und die in jeder Phase entsprechenden notwendigen Aktivitäten. Die kursiv und unterstrichen dargestellten Projektmanagement-Tools werden im Rahmen der Transferprojekte angewendet. Die Auswahl der Projektmanagement-Tools basiert auf den in Phase I vorgestellten Tools im Rahmen der durchgeführten Trainings. Am Ende jeder Phase entscheidet der Schirmherr jedes Transferprojekts über die Freigabe der nächsten Phase.

5.5 Kick-off der Transferprojekte

Ende Juli 2008: Das Unternehmen hat die nötigen Weichen für ein erfolgreiches Projektmanagement gestellt, alle organisatorischen Fragen sind geregelt – nun kann es für die Teilnehmer mit den Transferprojekten losgehen.

Gestartet werden die Transferprojekte mit einer Kick-off-Veranstaltung, wozu die Teammitglieder der vier Transferprojekte, deren Projektleiter, die Projektpaten und Dr. Wagner eingeladen sind. Im Mittelpunkt steht der Verlauf von Phase III, d. h. Vorstellung aller Aktivitäten, Meilensteine, Seminare und Coachings.

Zunächst werden die vier Transferprojekte und deren Teammitglieder präsentiert sowie die Erwartungen und Ziele der Teilnehmer abgefragt, um diese mit den zu erwartenden Ergebnissen der Phase III abzugleichen.

Des Weiteren werden folgende Vereinbarungen getroffen:

- Ein Steuerungsgremium übernimmt das Controlling, dokumentiert Fortgang und (Zwischen-)Ergebnisse des Projekts.
- Die Projektteams verpflichten sich zu regelmäßigen Coachings durch die Berater/Trainer der MBS, die die Maßnahme begleiten.
- Es findet ein regelmäßiges verbindliches Reporting der Projektteams an das Steuerungsgremium statt.

- Je nach individuellem Bedarf können die Teams weiterführende Seminare, die über die nächsten 12 Monate verteilt angeboten werden, in Anspruch nehmen (siehe auch Abb. 5 auf der nächsten Seite).

Zusätzlich wird vereinbart, dass die MBS federführend bei der Erstellung des Projektmanagement-Handbuchs ist und hierbei u. a. folgende Leistungen erbringt:

- Zurverfügungstellen einer „"DOC"-Version der MBS-Seminarunterlagen aus Phase I: Projektmanagement-Training
- Extraktion aller Formulare und Beschreibungen aus den Seminarunterlagen
- Einbindung und Nutzung aller Formulare und Beschreibungen in die reale Projektarbeit
- In Absprache mit den Coaching-Teilnehmern Anpassung der in Phase II ausgewählten PM-Instrumente an die F&E-Praxis
- Erarbeiten einer „"DOC"-Version des F&E-Projektmanagement-Handbuchs

Die folgende Abbildung zeigt grafisch einen Überblick über die Phase III:

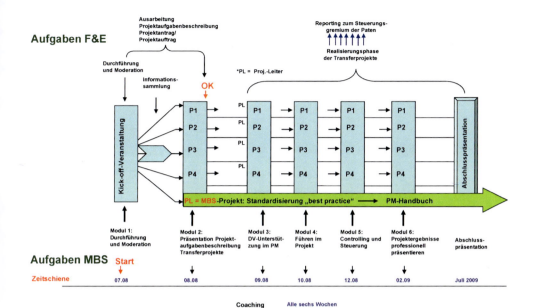

Abb. 5: Verlauf Phase III

Entlassen werden die vier Teams mit der Aufgabe, bis zum ersten Coachingtermin eine Projektaufgabenbeschreibung – Anwendung des 1. Instruments aus dem PM-Methodenwerkzeugkasten – für ihre jeweiligen Transferprojekte zu erstellen.

5.6 Die Coachings

Die Coachings der Transferprojektteams durch MBS-Berater finden alle sechs Wochen zu festgesetzten Terminen in Coaching-Workshops im Unternehmen statt. Zusätzlich können sogenannte „On demand"-Termine in Anspruch genommen werden – für den Fall, dass außergewöhnliche Ereignisse dies notwendig machen. Die Teilnehmer können sich in organisatorischen, methodischen und persönlichen Fragen von den Coaches beraten

lassen. Im Mittelpunkt der Coachings steht der regelmäßige Informationsaustausch, der von vornherein ein zielorientiertes Arbeiten gewährleisten und die Umsetzung des Gelernten in die Praxis unterstützen soll.
Dabei ist die Beantwortung folgender Fragen essenziell:
- Was konnten wir durch die praktische Anwendung der Methoden und Instrumente des Projektmanagements lernen?
- Welche Vorgehensweise, welche Methodik hat sich bewährt?
- Was hat sich nicht bewährt und steht unserer Arbeit eher hinderlich gegenüber bzw. ist überflüssig gewesen?
- Wo liegen die Verbesserungen für unsere Arbeit – wo besteht noch Optimierungsbedarf?
- Was ist die optimale Vorgehensweise für unsere Projekte?

Parallel findet ein Screening der Transferprojekte auf „best practice" (Formulare, Prozesse, Strukturen, Methoden, Verwendung) statt, die in einer Arbeitsgruppe dokumentiert und zu einem separaten Projektmanagement-Handbuch zusammengefasst werden. Informationen zum Projektfortschritt werden regelmäßig dem Gremium der Projektschirmherren präsentiert.
Neben den Coachingterminen vor Ort findet zwecks eines regelmäßigen Informationsaustauschs über die gesamte Dauer der Phase III ein reger E-Mail-Verkehr statt – Telefonkonferenzen runden den Informationsfluss ab. Damit wird sichergestellt, dass beispielsweise bei auftretenden Störungen oder Planungsabweichungen sofort Gegenmaßnahmen ergriffen werden können.
Ergänzt wird die Phase III durch Weiterbildungsveranstaltungen, in denen die Teammitglieder der vier Transferprojekte weiteres Handwerkszeug des Projektmanagements erlernen. Angeboten werden Seminare zu den Themen **DV-Unterstützung im PM, Führen im Projekt, Controlling und Steuerung von Projekten** und **Projektergebnisse professionell präsentieren**.

Der erste Coachingtermin findet im August 2008 mit der Besprechung der Projektaufgabenbeschreibung der Transferprojekte statt. Dabei erhalten die vier Teams Feedback von den MBS-Projektcoaches. Bis zum nächsten Meeting im September kommt den Teilnehmern die Aufgabe zu, eine Planung für ihre Projekte zu erstellen und zu präsentieren. Es folgen weitere Termine im November und Dezember 2008 sowie im Februar und Mai 2009. Durch das praktische Anwenden der Methoden und Feedback erlernen die Teilnehmer Stück für Stück, wie sich die Methoden auf ihre Unternehmenspraxis anwenden lassen. Langsam nimmt die Akzeptanz innerhalb der Teams für die Methodik zu und die Skepsis schwindet, wobei alle Teilnehmer folgende wichtige Erfahrungen machen:

- Die Konzeptions- und Planungsphase hat eine herausragende Bedeutung für den Projekterfolg. Nur eine gute Planung erlaubt es, gekonnt zu improvisieren.
- Mit der nun vorhandenen Transparenz lassen sich Fehlentwicklungen schneller erkennen und mit entsprechenden Gegenmaßnahmen frühzeitig korrigieren.
- Eine lückenlose Dokumentation des Projektverlaufs schützt vor unfairen Angriffen aus den eigenen Abteilungen und anderen Unternehmensbereichen.
- Das strukturierte Abarbeiten der Projektphasen mit den entsprechenden Aktivitäten, dem Nutzen der Templates und der klaren Definition von Meilensteinen verringert den Arbeitsaufwand erheblich und vereinfacht die Kommunikation.
- Wirkliche Teamarbeit führt zu besseren Ergebnissen nach dem Motto: Das Ganze ist mehr als die Summe seiner Teile.

Ein unentbehrliches Hilfsmittel für alle Phasen des Projekts sind die Entwicklung und Nutzung von sogenannten Templates, also Dokumentvorlagen, die für jedes Projekt entsprechend der Zielstellung ausgefüllt werden müssen. Unter dem nächsten Gliederungspunkt wird die Entwicklung eines solchen Templates am Beispiel des Themas „Risikoanalyse/Risikomanagement" gezeigt.

5.7 Beispiel: Entwicklung Template „Risikoanalyse/ Risikomanagement"

Am Beispiel der Entwicklung des Themas Risikoanalyse und Risikomanagement wird im Folgenden exemplarisch gezeigt, wie aufgrund der Anwendungserfahrungen bei den Transferprojekten, der Coaching-Workshops und des regen Informationsaustauschs zwischen allen an der Maßnahme Beteiligten das konkrete Template „Anfangsrisiken" entsteht.

Zunächst einmal ist zu klären, was genau unter einer Risikoanalyse im F&E-Umfeld verstanden wird. Hier die Teilnehmerdefinition:

„Unter Risikoanalyse wird die Bewertung/Höhe eines Risikos verstanden, das sich aus objektiven Parametern (z. B. Entwicklungszeit) und aus Erfahrungswerten ableiten lässt."

Die Definition des Begriffs „Risikomanagement" lautet wie folgt:

„Unter Risikomanagement wird der Umgang mit Risiken verstanden."

In diesem Kontext sind nachstehende drei Aspekte zu betrachten:

1. Transparentmachung von Risiken und Dokumentation
2. Präventivmaßnahmen zur Reduzierung von Risiken
3. Maßnahmen bei Risikoeintritt

In vielen Fällen bestimmt bei F&E die Entwicklungszeit maßgeblich die Höhe des Risikos. Einige Gefährdungen betreffen nicht nur eine Abteilung im Bereich F&E, sondern mehrere Abteilungen gleichzeitig. Manche Risiken treten nur in bestimmten Projekten auf, andere sind immer vorhanden.

Von diesen beiden Definitionen ausgehend wird der erste Entwurf des Templates „Risikoanalyse und Risikomanagement" entwickelt.

Risikoanalyse					Risikomanagement			
Nr.	Risikobe-zeichnung	Denkbare Ursachen	Warn-signale	Eintritts-wahrschein-lichkeit	Auswirkungen bei Risiko-eintritt	Maßnahmen zur Risiko-minderung	Kosten **und** Auswirkungen der Maßnahmen	Entscheidung Maßnahmen-durchführung (Ja/Nein)	Verant-wortlich
1									
2									

Abb. 6:   Erster Entwurf Template „Risikoanalyse und Risikomanagement"

Die wichtigsten Spalten dieses Templates werden im Folgenden erläutert.

1.) Eine besondere Herausforderung liegt in der Bewertung der **„Eintritts-wahrscheinlichkeit"**. Diskutiert werden drei Alternativen:
   - Die Einschätzung soll in 10er-Schritten in Prozent erfolgen, dies gibt dem Projektleiter entsprechenden Spielraum.
   - Prozent-Einschätzungen in 10er-Schritten erscheinen oft schwierig, vielfach ist eine Unterteilung in „hoch – mittel – niedrig" einfacher.
   - Eine weitere Alternative ist die Bildung von Risikoklassen.

Fazit: Der Projektleiter entscheidet im Einzelfall, ob 10er-Schritte in Prozent oder eine Klassifikation in hoch, mittel oder niedrig eingesetzt werden. Wichtig ist, dass sich die Einschätzung ganz konkret auf das aktuelle Projekt bezieht und alle Aspekte (von Tests bis zu Ressourcen im Projektteam) mit in Betracht gezogen werden.
Keine Betrachtung nach dem Motto: „Wenn ein Warnsignal eintritt, dann 100 Prozent."

2.) **„Maßnahmen bei Risikoeintritt"** sind im Vorfeld häufig schwer zu planen, da es unzählig viele denkbare Ursachen gibt.

3.) Bei vielen Entwicklungsprojekten kommen immer die gleichen Risiken vor. Wenn sie in zukünftigen Berichten immer gleichlautend aufge-

führt werden, untergräbt dies die Glaubwürdigkeit des Projektleiters. Deshalb ...
- sollten wir die Aussagen der Risikoanalyse davon abhängig machen, an wen wir präsentieren (intern oder extern, Erfahrungen des Empfängers usw.);
- sollten die unterschiedlichen Risikoanalysen der Transferprojekte ausgewertet und ergänzt werden.
Die Ergebnisse dieses Prozesses ergeben eine „Master-Risikocheckliste".

4.) Aussagen zu **„Kosten"** werden nur angegeben, wenn eine Rechenbarkeit gegeben ist (nach Möglichkeit mit Beispielen verdeutlichen).

Fazit: Unter **„Risikobezeichnung"** sollen nur die Gefahren aufgeführt werden, die dem jeweiligen Projekt konkret zugeordnet werden können. Nicht alle theoretischen Risiken finden Erwähnung (siehe Pkt. 3).

Gerade im Hinblick auf die Vielzahl von möglichen Risiken wird den Teams klar, dass im Rahmen der F&E-Projekte maximal sechs Risiken auftreten, auch als „Standardrisiken" bezeichnet. Daraus entsteht eine sogenannte „Master-Risikocheckliste", die die Teams bei der Identifikation der projektspezifischen Wagnisse unterstützt. Von diesem Gedanken ausgehend entsteht aus dem ursprünglichen Template „Risikoanalyse und Risikomanagement" in der finalen Version das Template „Anfangsrisiken".

Risikoart	Betroffene Produkte	Risikobewertung	Präventivmaßnahmen
1. Risiko		●●●●●	
2. Risiko		●●○○○	

Abb. 7: Beispiel Template „Anfangsrisiken"

Interessant in dem Zusammenhang ist die Risikobewertung. Zur visuellen Darstellung unterschiedlich hoher Risiken entscheiden sich die Projektteams für das „Biathlon-Modell".

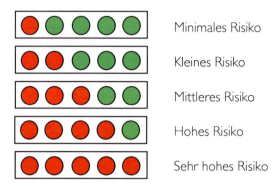

Abb. 8: Das Biathlon-Modell

Da neben objektiven Faktoren auch Erfahrungswerte die Höhe eines Risikos bestimmen und viele Gefahren nicht nur die F&E-Abteilung betreffen, sollten Risikoanalysen immer im Team erstellt werden.

Im Laufe eines Jahres entsteht durch das praktische Anwenden und kontinuierliche Verbessern des eigenen Handelns eine exakte Beschreibung des für F&E zentralen Geschäftsprozesses „Projekt". Das Coaching, aber auch das gezielte Feedback aus den übrigen an den Projekten beteiligten Organisationseinheiten stellen hier den Schlüssel für erfolgreiche Ergebnisse dar.

5.8 Das Ergebnis: Der neue F&E-Projektmanagement-Prozess

Im Juli 2009 findet die offizielle Präsentation der Ergebnisse der Transferprojekte vor den Projektpaten und Dr. Wagner statt. Die Projektteams erstellen einen schriftlichen Ergebnisbericht, zudem erfolgt eine schriftliche Beurteilung der Projektpaten, und die Projekterkenntnisse werden nach Abschluss in die bestehenden Geschäftsprozesse integriert.
Der neue Geschäftsprozess „Projekt" beschreibt die Abfolge der Schritte, um ein Vorhaben zum gewünschten Ziel zu führen. Damit ein Projekt in seinem Ablauf beschrieben werden kann, wird es in „Phasen" unterteilt, wobei eine Folgephase immer erst beginnen kann, wenn man die vorhergehende Phase beendet hat. Neben der Projektmanagement-Ablauforganisation gibt es noch die Projektmanagement-Aufbauorganisation. Letztere definiert die Verantwortlichkeiten.
Da sich Entwicklungsprojekte bei F&E in ihrer Verlaufsstruktur in der Regel sehr ähneln, ist die Anwendung eines Phasenmodells für den generellen Planungs- und Realisierungsverlauf sinnvoll und möglich. Die Auswertung der Transferprojekte und die Erfahrungen aus weiteren Projektrealisierungen aus der Vergangenheit ergeben eine Unterteilung des Projektprozesses bei F&E in folgende Phasen:

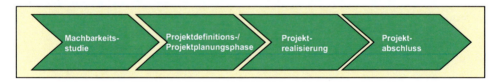

Abb. 9: Das F&E-Phasenmodell

Für jede Phase dieses Modells wurde **bei der Planung und Realisierung von mittleren und großen Projekten im Bereich F&E** definiert,
- welche Maßnahmen in der betreffenden Phase durchzuführen sind,
- welche Templates zum Einsatz kommen,
- welche Entscheidungen zu treffen sind,
- welche Meilensteine zum Abschluss einer Phase erreicht werden müssen, um die Folgephase starten zu können.

Bei kleinen Projekten entscheidet der Projektleiter, welche Templates aus den einzelnen Phasen zum Einsatz kommen. Mindestforderung sind die Templates Projektvorschlag und/oder Projektauftrag, To-do-Liste, abgespeckter Statusbericht und ein abgespeckter Projektabschlussbericht.

Hier einige Erklärungen zu den einzelnen Phasen:

5.8.1 Phase: Machbarkeitsstudie

Große Entwicklungsprojekte bei F&E beginnen mit der Phase *„Machbarkeitsstudie"*, wo erste Vorgespräche zwischen den zuständigen Managern stattfinden, in der Regel zwischen dem Group Brand Manager aus der Abteilung Marketing und dem Category Manager aus der Abteilung Global Supply Chain. Hierbei unterscheidet man einerseits die durchzuführenden Aktivitäten, andererseits schließt jede Aktivität mit einem konkreten Arbeitsergebnis ab. Für jedes Arbeitsergebnis existiert ein entsprechendes Template, das ausgefüllt werden muss und von dem oder den jeweiligen Verantwortlichen zu unterschreiben ist.

Aktivitäten Machbarkeitsstudie	Arbeitsergebnisse
1.) Vorgespräch Marketing/F&E: • Erster Gedankenaustausch zur Projektidee	*Schriftlich fixierter „Projektvorschlag"*
2.) Briefing durch Marketing/ Category Manager • Auftrag für Machbarkeitsstudie erarbeiten	*„Machbarkeitsstudie: Auftrag"*
3.) Durchführbarkeit der Projektidee prüfen • Durchführbarkeit der Projektidee bewerten und Eckdaten für das Projekt definieren	*„Machbarkeitsstudie: Report"*
4.) Lenkungsausschuss entscheidet über: • Projektabbruch oder • Freigabe der nächsten Phase	*Projektvorschlag genehmigt, Start für Definitionsphase freigegeben*

Abb. 10: Aktivitäten und Arbeitsergebnisse in der Phase Machbarkeitsstudie

Die Verantwortung für die Konkretisierung des **Projektvorschlags** liegt beim Group Brand Manager der Abteilung Marketing. Der Category Manager hingegen unterstützt bei der Formulierung des Projektvorschlags und trägt die Verantwortung für die Machbarkeitsstudie.

5.8.2 Phase: Projektdefinitions-/Projektplanungsphase

Das Ziel dieser Projektphase besteht darin, im Rahmen der Erarbeitung des Projektantrags bzw. -auftrags die Voraussetzungen zu schaffen, damit man einen eindeutigen und in sich stimmigen Projektauftrag erhält. Die Unterschrift des Auftraggebers macht den Projektantrag zum Projektauftrag.

Je nach Art des Projekts (bereichsübergreifendes oder F&E-internes Projekt) ist der Auftraggeber entweder der Group Brand Manager oder der Category Manager.

Da große Entwicklungsprojekte zu Beginn selten detailliert planbar sind, kann der Projektablauf nur in Etappen für die unmittelbar folgenden Schritte detailliert im Voraus fixiert werden. Die entfernter liegenden Teilaufgaben erfahren lediglich eine grobe Planung. Sie können erst zu einem späteren Zeitpunkt, nachdem im Verlauf der Durchführung weitere Parameter bekannt geworden sind, detaillierter festgelegt werden.

Somit besteht die Aufgabe des Projektmanagements aus einem sich ständig wiederholenden Prozess von Planung, Kontrolle und Steuerung.

Aktivitäten Projektdefinition	Arbeitsergebnisse
1.) **Eckdaten des Projektes herausarbeiten** • Ziel ist, ein gemeinsames Projektverständnis zwischen Auftraggeber und Auftragnehmer zu schaffen und die Eckdaten des Projektes verbindlich zu fixieren	*„Projektantrag/-auftrag"*
2.) **Projektaufbauorganisation definieren** • Projektkernteam benennen	*„Projektantrag/-auftrag"*

3.) Kick-off-Meeting durchführen • Ziel ist, ein gemeinsames Projektverständnis im Rahmen des Projektteams zu schaffen	*„Ziele des Projekts und der Aufgabenverteilung im Projektteam sind allen Beteiligten klar"*
4.) Projektfeinplanung durchführen • Projektpläne auf Basis des Projektantrags/-auftrags erarbeiten	*Project Masterplan*
5.) Projektrisiken herausarbeiten • Projektspezifische Risiken herausarbeiten • Maßnahmen für das Risikomanagement definieren und entscheiden	*„Risikoanalyse" plus Maßnahmen zum „Risikomanagement"*
6.) Notwendige Entscheidungen: Projekt-Update • Im Marketing sind die Termine zu nennen, zu denen notwendige Entscheidungen getroffen werden müssen	*Projekt-Update*

Abb. 11: Aktivitäten und Arbeitsergebnisse in der Projektdefinitions-/Projektplanungsphase

Die **Verantwortung** für die Erarbeitung des **Projektantrags bzw. -auftrags** trägt bei Projekten mit F&E-Beteiligung der **Projektleiter/Category Manager**. Die Ausarbeitung erfolgt in enger Abstimmung mit dem Auftraggeber und der Unterstützung des Projektkernteams.

5.8.3 Phase: Projektrealisierung

Der Projektleiter bei F&E hat die Aufgabe, möglichst früh Abweichungen von den Planwerten zu erkennen, um durch rechtzeitige Steuerungsmaßnahmen das geplante Projektergebnis hinsichtlich Kosten, Qualität und Zeit zu erreichen.

Beim Projekt-Controlling werden während der Realisierungsphase die Soll-Werte der Planung mit den erreichten Ist-Werten verglichen. Hierzu existiert als wichtiges Hilfsmittel ein Meilensteinplan, der im Project Masterplan in der Phase „Projektdefinitions-/Projektplanungsphase" bereits erarbeitet wird. Bei Planabweichungen der Projektgegenstände (Teilprodukte, Ergebnisse, Qualität u. a.) oder des Projektablaufes (Meilensteine, Ereignisse, Change Request) muss eine Entscheidung über die weitere Vorgehensweise – in der Regel im Rahmen des Lenkungsausschusses – getroffen werden.

Bei großen Projekten im F&E-Umfeld sind die nachfolgend aufgeführten Arbeitsschritte und Templates für das Projekt-Controlling verbindlich:

Aktivitäten Projektdefinition	Arbeitsergebnisse
1.) Bewerten und Berichten des Projektstatus • Soll-Ist-Vergleich Termine • Soll-Ist-Vergleich Aufwand • Regelmäßige Status-Meetings durchführen	*„Statusbericht"* *„Liste der offenen Punkte"*
2.) Genehmigung für „Change Requests", Update der Projektfeinplanung durchführen • Projektpläne auf Basis der aktuellen Projektsituation anpassen	Aktualisierter: *„Ausführlicher Projektplan mit allen Verknüpfungen"* *„Risikoanalyse"*
3.) Projektänderungen geplant durchführen • Notwendige Maßnahmen schriftlich definieren • Auswirkungen der Maßnahmen analysieren • Change Request genehmigen lassen	*„Change Requests"*
4.) Lenkungsausschuss entscheidet über: • notwendige Änderungen	*Genehmigung für „Change Requests"*

Abb. 12: Aktivitäten und Arbeitsergebnisse in der Phase Projektrealisierung

5.8.4 Projektabschluss

Sobald im Projekt sämtliche in dem Projektauftrag und der Projektaufgabenbeschreibung festgelegten Verpflichtungen erfüllt werden, beantragt der F&E-Projektleiter die Projektabnahme durch den Auftraggeber oder eventuell auch durch den Lenkungsausschuss im Rahmen der Projektabschlussbesprechung. Die Projektabschlussphase besteht aus den folgenden Aktivitäten:

Aktivitäten in der Phase Projektabschluss	Arbeitsergebnisse
1.) Projektabschlussbericht erstellen • Dies erfolgt durch die Bearbeitung des Templates „Projektabnahme"	„Template: Projektabnahme"
2.) Projektabschlussreviews durchführen • In allen Gremien, die sich regelmäßig im Rahmen des Projektes getroffen haben	„Lessons Learned"
3.) Projektabschlussbericht ablegen • Dokumentation auf dem R&D-IT-Projektlaufwerk einrichten	„Projektdokumentation"

Abb. 13: Aktivitäten und Arbeitsergebnisse in der Phase Projektabschluss

Zum Ende des Projekts besteht die Aufgabe des Projektleiters darin, nochmals die verwendeten Projektdokumente zu aktualisieren, die Projekterfahrungen und die Projektergebnisse zu dokumentieren und diese Ergebnisse im Rahmen von Projektreview-Besprechungen zu präsentieren.

Das vollständige F&E-Projektphasenmodell ist im Folgenden abgebildet:

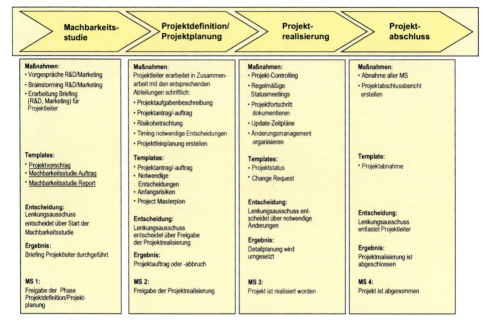

Abb. 14: Das Projektphasenmodell F&E inkl. aller Maßnahmen, Templates, Entscheidungen, Ergebnisse und Meilensteine

Das F&E-Projektphasenmodell gibt dem Projektleiter und den am Projektprozess Beteiligten eine klare Orientierung für den Verlauf und das Management von Entwicklungsprojekten im F&E-Umfeld.

6 Der Abschluss

Die Entwicklung neuer Produkte im Bereich F&E und die koordinierte Zusammenarbeit zwischen F&E, Marketing, Global Supply Chain Management und weiteren Partnern erfordert eine projektorientierte Vorgehensweise mit einem gemeinsamen Verständnis von Projektmanagement sowie standardisierten Planungs- und Controlling-Instrumenten. Dementsprechend sind alle Aktivitäten auf die Erreichung dieses Ziels ausgerichtet.
Im Juli 2009 ist das neue Projektmanagement-Handbuch verabschiedet.
Mit einer Bottom-up-Strategie sind in der F&E-Organisation Erfahrungen, Dokumente, Methoden und Prozesse gesammelt worden, die bewertet, verdichtet, überarbeitet und standardisiert wurden. Mit der Entwicklung des Projektmanagement-Handbuchs entsteht eine Richtlinie, die innerhalb der F&E-Organisation ein einheitliches Verständnis der wichtigsten Projektphasen und Meilensteine, der Bewertung und Kommunikation von Risiken und der gesamten Projektabwicklung sicherstellt. Das Handbuch stellt die erforderlichen Werkzeuge, Methoden und Anleitungen zur strukturierten Projektabwicklung zur Verfügung.
Der Projektmanager bei F&E nimmt eine wichtige Rolle ein, indem er in der Initialisierungsphase zunächst als Berater fungiert und später das Projektteam wie ein eigenes Profitcenter im Unternehmen leitet. Fähigkeiten und Kenntnisse im Management von Budgets, Ressourcen und Terminen, aber auch Soft Skills, wie Teamfähigkeit, Motivation und Kommunikation, gehören zu seinen Anforderungen. Das Projektmanagement-Handbuch Bereich F&E unterstützt Projektmanager und Projektmitarbeiter bei der Abwicklung von Projekten in jeder Phase. Das Ziel ist nunmehr, eine optimale Qualität bei der Projektabwicklung zu erreichen, Kosten und Risiken zu reduzieren und Projektmanagement als wertschöpfende Arbeitsleistung zu vermarkten.

Das Handbuch unterteilt sich in folgende Kapitel:

Kapitel 1: Es beinhaltet *grundlegende Definitionen* zum Thema Projektmanagement bei F&E und beschreibt den generellen Ablauf des *Projektprozesses* im *F&E-Umfeld*.

Kapitel 2 bis 5: Hier werden die einzelnen *Phasen des Projektprozesses* gemäß F&E-Projektphasenmodell und die *anzuwendenden Methoden und Templates* dargestellt (siehe Abb. 9: Das F&E-Phasenmodell).

Die Anwendung der vorgestellten Templates wird dabei an verschiedenen Projekten aus der F&E-Praxis verdeutlicht. Kernelement der Projektplanung bildet dabei der *„Project Masterplan"*, der eine generelle Orientierung für den Projektstrukturplan und den Ablaufplan großer Projekte im Bereich F&E gibt.

Kapitel 6 formuliert die Maßnahmen und Templates für die Realisierung kleiner Projekte bei F&E.

Am Ende des Handbuchs befinden sich ein Abbildungsverzeichnis sowie zwei Glossare zu den gängigen Projektmanagement-Begriffen und F&E-Fachbegriffen. Der **Anhang** beschreibt einige grundsätzliche Methoden und Techniken des Projektmanagements.

7 Resümee

Im August steht – entwickelt auf der Grundlage des Projektmanagement-Handbuchs – der Prototyp des elektronischen Handbuchs (Guideline) im Intranet zur Verfügung und wird nach ausgiebigen Tests Ende des Jahres in den Echtbetrieb gehen. Am Ende des ProfitProjects stehen der Abteilung Forschung und Entwicklung nicht nur praxisnah qualifizierte Projektleiter und Projektmitarbeiter zur Verfügung; darüber hinaus hat sich die interne Dialogkultur positiv entwickelt. Sämtliche Prozesse sind beschrieben und verbindlich dokumentiert, was zu mehr Transparenz, einem geregelten Informationsfluss und einer besseren Zielerreichung führt.

Zusätzlich ist noch etwas anderes entstanden. Etwas, was viel wichtiger ist: die Überzeugung aller Projektbeteiligten, zukünftig dieses neue Projektmanagement-Vorgehensmodell auch wirklich anzuwenden. Die Mitarbeiter haben nicht nur erkannt, dass ein professionelles Projektmanagement sie bei der Projektarbeit maßgeblich unterstützt und ihnen hilft, die gesteckten Projektziele in der geplanten Zeit, dem vorgegebenen Budget und der geforderten Qualität zu erreichen. Vielmehr konnten sie durch das Einbringen ihrer ganzen Erfahrung und Kreativität ihren zentralen Geschäftsprozess – das Managen von Projekten – aktiv mitgestalten, was ihre Einstellung den Veränderungen gegenüber positiv und nachhaltig beeinflusst. Die Voraussetzung für den nachhaltigen Erfolg von ProfitProjects besteht darin, dass das Projektmanagement im Unternehmen von starker Seite gestützt wird, dass es von den Beteiligten gewollt ist und dass die Projektteams und deren Projektleiter mit den nötigen Befugnissen ausgestattet sind. Was hier der Fall war. Es ist eine Situation eingetreten, die sich wohl jedes Unternehmen wünscht: hoch motivierte Mitarbeiter, die mit Leidenschaft und Spaß an der Arbeit den Unternehmenserfolg aktiv mitgestalten.